Contraste insuffisant
NF Z 43-120-14

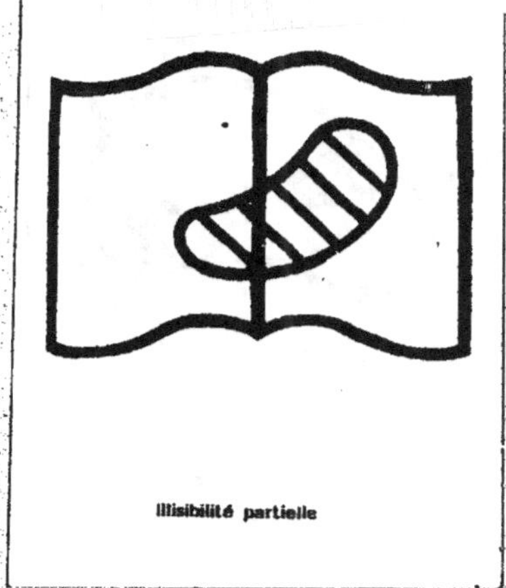

Illisibilité partielle

Valable pour tout ou partie
du document reproduit

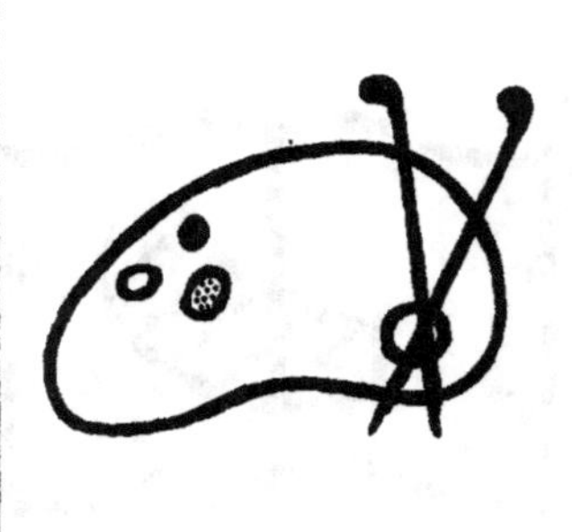

Original en couleur
NF Z 43-120-8

Couverture inférieure manquante

LA PAIX

DU 9 JANVIER 1478

ENTRE

LOUIS XI ET LA RÉPUBLIQUE DE VENISE

PAR

P.-M. PERRET

Extrait de la *Bibliothèque de l'École des chartes,*
année 1890, p. 114-135.

PARIS
1890

(4)

LA PAIX

DU 9 JANVIER 1478

ENTRE

LOUIS XI ET LA RÉPUBLIQUE DE VENISE

PAR

P.-M. PERRET

Extrait de la *Bibliothèque de l'École des chartes*,
année 1890, p. 111-135.

PARIS
1890

LA PAIX

DU 9 JANVIER 1478

ENTRE

LOUIS XI ET LA RÉPUBLIQUE DE VENISE

Les rapports de Louis XI avec Venise furent assez cordiaux jusque vers 1465 ou 1468[1] : il n'y avait pas entre eux de traité, mais une entente tacite et réciproque, profitable surtout au gouvernement de Venise, parce qu'elle ouvrait à Montpellier et à Aigues-Mortes des débouchés moins importants, il est vrai, qu'à Bruges et à Londres, cependant fort considérables pour les marchandises que ses nationaux rapportaient du Levant[2]. Les premières difficultés paraissent devoir être attribuées à Louis XI. Vers 1467, il interdit l'importation en France des épices sous pavillon étranger[3]; cette mesure, qui atteignait principalement les Vénitiens et devait, au dire du chancelier Doriole, leur faire subir une perte de deux à trois cent mille écus par an[4], eut pour conséquence de jeter la Seigneurie dans les bras de Charles le Téméraire : elle lui envoya un ambassadeur nommé Antoine Dandolo[5]

1. Nous n'insistons pas sur les relations de Venise avec la France antérieurement à 1469, nous réservant de les traiter en détail dans l'ouvrage que nous préparons sur les relations de la France avec Venise au xve siècle, et dont l'étude qui suit forme un chapitre.

2. Germain, *Histoire du commerce de Montpellier*, Montpellier, 1861, t. I, p. 175, et Mas Latrie, *Commerce et expéditions militaires de la France et de Venise au moyen âge* (Collection des documents inédits. *Mélanges*, 2e série, t. III, Paris, 1880), p. 195.

3. Voy. Pigeonneau, *Hist. du commerce de la France*, Paris, 1887, t. I, p. 415.

4. Id., *ibid.*, p. 416.

5. V. ses instructions du 23 octobre 1467. Arch. de Venise, Senato. Deliberazioni secrete, t. XXIII, fol. 78.

qui dut arriver dans les derniers mois de l'année 1467 à la cour du duc de Bourgogne, avec qui il était chargé de discuter un projet de traité[1]. Mis au fait de ces menées par ses émissaires, Louis XI accusait la Seigneurie de troubler le repos de l'Italie : en cas de conflagration générale, certains États eussent été contraints par suite de contrats antérieurs à prendre parti pour Louis XI, tandis que d'autres eussent fait cause commune avec Venise et le duc de Bourgogne. Le 21 octobre 1468, la Seigneurie essayait de se justifier[2] : elle a toujours désiré, elle désire plus que jamais l'union la plus étroite entre les différentes puissances de la péninsule ; sans cette concorde, elles ne pourraient, en effet, s'opposer aux progrès des Turcs. Mais Louis XI, qui avait depuis longtemps apprécié le cas qu'il fallait faire de cet épouvantail des Turcs dont la Seigneurie jouait dans toutes les occurrences embarrassantes, ne paraît pas avoir attaché la moindre importance à ces excuses. Toujours est-il qu'au mois de juin 1469, un navigateur que les documents vénitiens appellent Colomb et traitent de pirate, mais que M. Harrisse[3] paraît avoir péremptoirement identifié avec Guillaume de Casenove, vice-amiral de France, avait pillé dans la Manche des galères vénitiennes faisant partie du convoi des galères de Flandre[4]. Le 2 novembre, le Sénat décidait de dépêcher à Louis XI un ambassadeur qui lui ferait des représentations[5]. Le 4 novembre, Antoine Donato était élu en qualité d'ambassadeur[6], et, le 17 décembre, le Sénat approuvait les instructions qui lui étaient destinées[7] et qu'avaient préparées les Sages du Conseil et les Sages aux ordres.

---

1. Id., *ibid.*, t. XXIV, fol. 27 v° (26 juillet 1469).

2. Id., *ibid.*, t. XXIII, fol. 140.

3. *Les Colombo de France et d'Italie*. Paris, 1874, in-4°.

4. Archives de Venise, Senato. Delib. secr., t. XXIV, fol. 34 (Délibération du 20 juillet 1469).

5. Id., *ibid.*, fol. 64. Voy. Malipiero, *Annali Veneti*, dans *Archivio storico italiano*, 1re série, t. VII, p. 238. Firenze, 1843.

6. Id., *ibid.*, fol. 64 v°. Le même jour (id., *ibid.*), eu égard à l'éclat de la maison de France, le Sénat décidait que Donato aurait le même train que les orateurs vénitiens en Bourgogne et en Savoie (voy. aussi Buzer, *Die Beziehungen der Mediceer zu Frankreich während der Jahre* 1434-1494. Leipzig, 1879, p. 143).

7. Arch. de Venise, Senato. Delib. secr., t. XXIV, fol. 71. Le 4 décembre (ibid., fol. 69 v°), le Sénat avait chargé Dandolo d'apprendre à Charles le Téméraire l'objet de la mission de Donato en France pour éviter qu'il en prît ombrage.

A. Donato[1] devait d'abord affirmer hautement au roi les senti-
ments d'amitié que la République avait toujours éprouvés pour
lui, développer longuement ce thème, enfin exposer l'objet parti-
culier de sa mission : comment un certain Colomb, qui se prétendait
sujet de Louis XI et qui portait le pavillon royal (*insigna regia*),
avait enlevé à un navire vénitien pour plus de 10,000 ducats de
marchandises, en av pillé un autre, massacré plusieurs passa-
gers et capturé les autres, en faisant pour près de 30,000 ducats
de dommage. A. Donato demandera satisfaction au roi. Si celui-ci
nie que Colomb soit sujet français, Donato devait répondre que
jamais la Seigneurie n'a cru qu'un sujet du roi eût pu commettre
pareils excès, mais que néanmoins elle le prie de veiller à ce
qu'un tel scandale qui fait tant de tort à la France ne se renou-
velle pas.

Si, au contraire, Louis XI reconnaît que Colomb est Français
et qu'il n'a agi que d'après ses ordres, A. Donato devra protes-
ter que la République n'a rien fait pour mériter un traitement
aussi dur, que sans doute ses ennemis l'ont calomniée auprès de
lui; il n'avait pas à user de rigueur envers elle; elle ne prête
aucun appui à ses adversaires : Dandolo n'a été envoyé en Bourgogne que pour hâter le règlement des affaires en souffrance des
marchands vénitiens. Le roi ne doit pas davantage s'alarmer de
la ligue conclue avec la Savoie[2]; elle est dirigée, non contre la
France, mais contre les Turcs et a pour but de suspendre les riva-
lités qui divisent les principales puissances chrétiennes en les
coalisant contre l'ennemi commun de la chrétienté. A. Donato
réclamerait enfin la mise en liberté des prisonniers. Il dut

---

1. La tâche de Donato allait être assez ardue : Louis XI en effet était fort
mal disposé envers les Vénitiens : le 8 décembre, à Tours, il disait à Sforza de
Bettini, ambassadeur milanais auprès de lui : « Risposemi la Maysta sua pri-
mum alla parte ch' el inbassatore vinitiano che era in Savoya havessi compe-
rata cosa et prati a Zanboliero come se lo havessi a stare in perpetuo in quello
paese, etc.; che le erano delle arte che sapevano usare questi ribaldi Vinitiani,
che sempre mostravano il revercio di quello che averano intentione di fare et
che pure adesso per questa tale dimostratione credera sua Maysta che esso
inbassatore stessi più tosto in dubio di partirsi in brevi che in speranza de
haverli molto a dimorare..... » Tours, 8 décembre 1469. Lettre de Sforza de
Bettini au duc de Milan, Bibl. nat., ms. ital. 1649, fol. 250 (copie du xixᵉ siècle).

2. Il s'agit sans doute de la ligue conclue le 8 mai 1468 entre le pape, les
ducs de Savoie, de Modène, les républiques de Venise et de Florence, etc. (voy.
Lunig, *Codex Italiæ diplomat.*, III, col. 75).

arriver à la cour de Louis XI à la fin de janvier ou dans les premiers jours de février; il rendait compte au Sénat de la première audience qu'il eut du roi dans ses lettres datées d'Amboise les 14, 15, 18 et 19 février[1]. Le Sénat lui répondit le 8 mars[2]. Louis avait écouté Donato, mais avait ajourné sa réponse. Il voulait auparavant être informé de la situation politique de l'Italie, savoir sans doute le sens et la portée de la ligue contractée entre la Savoie et Venise. Le Sénat espérait que l'ambassadeur milanais, dont l'arrivée était attendue prochainement, rassurerait le roi et détruirait toutes ses incertitudes et que justice serait rendue aux Vénitiens. Ces espérances furent déçues : à la suite de divers incidents que Donato communiqua à son gouvernement par ses lettres des 3 et 20 mars, Louis XI, non seulement refusa d'agréer comme valables les revendications de la Seigneurie, mais encore congédia son orateur. Celui-ci, le 31 mars, notifiait son congé au Sénat qui, le 28 avril, lui ordonnait de regagner Venise[3].

On pouvait craindre qu'offensée de ce manque d'égards la Seigneurie n'usât sans retard de représailles envers les Français; un événement imprévu l'en empêcha, la défaite que les Turcs infligèrent à sa flotte dans les eaux de l'île de Négrepont qui tomba ensuite en leur pouvoir (12 juillet). La nouvelle de ce désastre répandit la consternation dans Venise; le 18 août, la Seigneurie ordonnait à ses ambassadeurs à Rome de supplier le pape d'envoyer des légats en France, en Angleterre, en Espagne et au duc de Bourgogne pour faire un appel aux armes contre les Turcs menaçant la foi chrétienne[4]. Le 11 octobre[5], oubliant les procédés peu courtois de Louis XI, la Seigneurie s'adressait directement à lui. Après l'avoir remercié de la lettre qu'il avait chargé Donato de lui remettre et même des bonnes dispositions dont la République le savait animé envers elle, elle lui notifiait la défaite de Négrepont et le conjurait de secourir Venise contre les Turcs;

1. Ces lettres sont perdues aujourd'hui : mais les réponses du Sénat résumant leur contenu peuvent presque en tenir lieu.

2. Arch. de Venise, Senato. Dell'). secr., t. XXIV, fol. 68.

3. Id., *ibid.*, fol. 104 v°.

4. Id., *ibid.*, fol. 127 v° : « Nulla est christiana regio, nulla provincia que excitanda non sit ad opem ferendam nomini et fidei christiane periclitanti certissime nisi festinatissime succurratur. »

5. Id., *ibid.*, fol. 148 v°.

si les princes chrétiens ne viennent pas à son aide, la chrétienté est perdue. Elle finissait en s'excusant de n'avoir pas félicité plus tôt le roi de la naissance de son fils; les inquiétudes auxquelles elle est en proie depuis la prise de Négrepont ont occupé toutes ses pensées; elle fait des vœux pour le bonheur et la santé du dauphin.

Loin de s'émouvoir de ces supplications, Louis XI, à qui les allées et venues de plus en plus fréquentes tant des ambassadeurs vénitiens en Bourgogne que des ambassadeurs bourguignons à Venise[1] ne pouvaient échapper, fermait ses ports aux navires de la République. Le 2 septembre 1471[2], André Bragadin, Sage aux ordres, invitait le Sénat à ordonner au capitaine général de mer de faire arrêter deux galères françaises qui naviguaient dans le Levant; mais les Sages du conseil et les Sages de terre ferme demandaient au Sénat, *attento pondere rei et periculi que post se trahere et perducere facile possit*, de ne pas prendre en considération le projet de résolution de Bragadin; le Sénat leur donnait raison par 136 voix contre 4. La paix était encore sauvegardée; néanmoins, au début de l'année 1472, la République se trouvait dans une situation assez délicate : d'un côté, les Turcs, qui l'inquiétaient peut-être moins, il est vrai, qu'elle ne le prétendait, immobilisaient une partie de ses forces; de l'autre côté, ses rapports étaient des plus tendus avec Louis XI qui la croyait alliée avec Charles le Téméraire. Il ne se méprenait qu'à moitié : l'alliance n'était pas encore conclue, mais Bernard Bembo, qui avait succédé à Dandolo en Bourgogne, la négociait avec le duc depuis le mois d'octobre 1470[3], la signait le 18 juin 1472 au camp de Roye[4] et le Sénat lui adressait, le 14 juillet, la ratification qu'il en avait faite[5]. Ostensiblement dirigée contre les Turcs, cette ligue, en

1. Du 1er janvier 1467 au mois de juin 1472, la Seigneurie envoie à Charles le Téméraire Dandolo et Bembo : et elle reçoit dans la même période, de la part du duc, l'évêque de Tournay (12 août 1467, Arch. de Venise, Senato. Delib. secr., t. XXIII, fol. 60); Antoine de Montjeu et Guillaume de Rochefort (11 décembre 1471, *ibid.*, t. XXV, fol. 80), sans compter une correspondance des plus actives.

2. Id., *ibid.*, t. XXV, fol. 56. A ce moment il fut question de dépêcher un secrétaire de la Seigneurie à Louis XI, mais on ne donna pas suite à cette idée (Délibération du 4 octobre 1471. Arch. de Venise, Senato. Terra, t. VI, fol. 145).

3. Id., Senato. Delib. secr., t. XXIV, fol. 145.

4. Id., Commemoriali, t. XVI, fol. 64.

5. Id., Senato. Delib. secr., t. XXV, fol. 141 v°.

réalité, offensive et défensive, visait les adversaires réciproques des deux contractants[1]. Elle entraînait bientôt sa conséquence inévitable, nous entendons la rupture définitive de la République avec Louis XI, qui, de son côté, venait de rompre définitivement avec le duc de Bourgogne.

A la fin d'octobre 1473, la Seigneurie ménageait encore le roi de France; le 30 de ce mois, le Sénat, ayant appris que Colomb attendait à Gibraltar les navires vénitiens qui revenaient de Flandre et de Barbarie, délibérait sur cette nouvelle : Albain Capello, André Vendramin et les Sages aux ordres émettaient l'avis de commander au capitaine général de mer de s'emparer d'un navire marchand français signalé dans l'Adriatique et de le conduire dans un port de la République, en ayant bien soin de ne pas faire de mal à l'équipage; mais leur proposition n'obtenait que 64 voix, tandis que le projet de Triadanus Gritti, Sage du conseil, et de Bernard Capello, Sage de terre ferme, consistant à ne prendre aucune décision dans cette séance, réunissait 78 suffrages[2].

On ne s'en tint pas longtemps à cette prudente résolution. Le 7 novembre, François Pisani, passager sur les galères de Barbarie, informait la Seigneurie que Colomb, à la tête de six navires armés, les avait attaquées en vue d'Almeria; qu'il avait été repoussé et s'était réfugié à Valence. Tout le collège alors, c'est-à-dire les chefs de la Quarantie criminelle, les Sages du conseil, les Sages de terre ferme et les Sages aux ordres demandèrent au Sénat d'ordonner au capitaine général de mer et aux provéditeurs de la flotte d'intercepter la galère française dont il a été question précédemment et de la remorquer dans un port vénitien. — Cette dépêche, motivée par le fait que Colomb, se disant homme du roi de France, ne peut agir que d'après ses ordres, fut approuvée par 152 voix contre deux opposants et une abstention[3].

Il y avait donc sinon guerre ouverte, du moins conflit sérieux.

Plus tard (17 juin 1474)[4], la Seigneurie était avisée par A. Maripietro, capitaine des galères de Flandre, que Colomb conti-

---

1. Id., *ibid.*, fol. 110 v° (Lettre du Sénat à Bembo, 6 mars 1472).

2. Id., *ibid.*, t. XXVI, fol. 39. Voy. aussi Bibl. nat., ms. ital. 17.

3. Id., *ibid.*, t. XXVI, fol. 41 v°. — Bibl. nat., fol. 17. « Et quoniam Columbus ipse homo est regis Francie, nec est dubitandum, cum omnia que ipse facit contra nostros, mandato prefati regis facerentur. »

4. Id., *ibid.*, fol. 108.

nuait ses armements et le Sénat ordonnait d'équiper deux grosses
galères qui, de concert avec la flotte du roi de Naples, protége-
raient le voyage de Maripietro.

Moins d'un an après, le Conseil des Dix essayait d'employer
contre Colomb un procédé plus radical et qu'il mettait souvent en
pratique pour se débarrasser des adversaires dangereux à la République : le 22 mars 1475[1], les chefs du Conseil des Dix lui rapportaient qu'un Français nommé Barthélemy Richardin leur avait offert
d'assassiner Colomb et son second, instigateur de tous ses mauvais
desseins. Richardin demandait pour l'instant 32 ducats que la Seigneurie lui devait encore sur la galère de Paul de Canal et après
l'exécution de son projet une maison à Venise et *honestum vic-
tum*. Le Conseil des Dix, sur la proposition de ses trois chefs,
accueillait ses ouvertures et promettait à Richardin, *perfecta re
et facta nobis fide de morte data prefato Columbo ac ejus
navelerio*, une rente viagère de quatre ducats par mois et une
maison convenable; il l'encourageait dans ses dispositions, *in ejus
optima dispositione;* bien plus, pour lui faciliter l'exécution de
l'attentat qu'il méditait et l'engager à l'accomplir plus volontiers,
letiori animo, il décidait de lui faire remettre immédiatement
20 ducats sur les 32 qu'il réclamait, les 12 de reliquat devant être
distribués peu à peu au père de Richardin qui habitait Venise.

Les projets de Richardin, comme on sait, n'eurent pas de suite,
ou tout au moins n'aboutirent pas, et l'état ambigu des rapports
qui existaient entre Venise et Louis XI se prolongea jusque dans
le courant de l'année 1476; à ce moment, Colomb était uni avec
un navigateur que les documents vénitiens appellent Georges
Greci[2] : leurs forces combinées, qui menaçaient à la fois les
galères de Flandre, de Barbarie et d'Aigues-Mortes, parurent si
redoutables à la Seigneurie qu'elle n'hésita pas à dépêcher à
Louis XI un ambassadeur extraordinaire chargé de faire une

1. Arch. de Venise, Consiglio X. Misti, t. XVIII, fol. 155. Imprimé dans *Secrets
d'État de Venise*, par Vladimir Lamansky. Saint-Pétersbourg, 1884, p. 24 (voy.
une analyse dans la *Revue historique*, année 1882, t. III, p. 112).

2. Ce doit être le personnage qui est mentionné sous le nom de Georges le
Grec avec le titre de chevalier dans le compte de Jean Raguier, receveur général en Normandie pour 1479 (Bibl. nat., ms. fr. 20685), qui reçoit 800 l. t. pour
l'entretien de sa nef (ibid., p. 702) et encore la même année 5,000 l. t., tant
pour son mariage que pour l'achat d'un navire (ibid., p. 707, 720). Le roi lui
fait porter pendant le même exercice une lettre à Touques (ibid., p. 725).

dernière tentative de conciliation auprès de lui. Le 1er août 1476, les Sages du conseil, les Sages de terre ferme et les Sages aux ordres, invoquant les raisons que nous venons d'indiquer, proposaient au Sénat de confier cette mission au patricien François Donato, qui arrivait de France, où il avait eu, semble-t-il, une audience de Louis XI, et qui allait repartir pour le Piémont où était sa résidence habituelle, et de lui donner les instructions suivantes[1] : il devait rappeler les antiques alliances de Venise avec la maison de France; l'amitié particulière qui l'avait liée avec Louis XI avant et depuis son avènement; l'assurer que les derniers et regrettables incidents advenus malgré la Seigneurie, sans qu'elle y ait en rien contribué, n'avaient point affaibli son ancien respect et son dévouement envers lui[2]. Ces formules de politesse épuisées, il excuserait la République de s'être alliée avec le duc de Bourgogne; elle a été forcée de recourir à ce prince pour obtenir des secours contre les Turcs; du reste, cette alliance n'a causé aucun préjudice au roi, bien au contraire : grâce à elle, la Seigneurie a pu empêcher Barthélemy Colleoni, son capitaine général, de passer au service du duc de Bourgogne qui voulait l'enrôler pour faire la guerre au roi[3]. Lorsque le terme de son engagement avec Venise fut échu, elle a dû garder à sa solde pendant une année 5,000 cavaliers et 2,000 fantassins bourguignons qui, si elle eût laissé Colleoni accepter les offres de Charles le Téméraire, eussent franchi les monts pour combattre Louis XI. Il en est résulté pour elle des dépenses considérables dont le roi doit lui savoir gré. Quant à la ligue que la Seigneurie a contractée avec le roi de Milan, Galéas-Marie, elle ne fait que renouve-

1. Arch. de Venise, Delib. secr. du Sénat, t. XXVII, fol. 89. — Bibl. nat., ms. ital. 17.

2. « Et nonobstante cose seguite senza nostra colpa et sinistre… par nuy continuatamente perseverassemo in la nostra syncera reverentia et devotione verso S. M. »

3. Ce grand capitaine avait effectivement cherché vers la fin de sa vie à être enrôlé par Charles le Téméraire : la république de Venise s'y opposa de son mieux, non par amitié pour le roi de France, mais parce qu'elle avait besoin de Colleoni. Sa résistance fût sans doute demeurée vaine, si la mort n'était venue surprendre ce général au milieu de ses ambitieux desseins (octobre 1475). Les pourparlers relatifs à l'engagement de Colleoni avaient été entamés entre le duc de Bourgogne, Barthélemy et la République dès le 9 mars 1473. On trouvera les principaux documents ayant trait à ces négociations dans les Registres secrets du Sénat de Venise, t. XXVI et XXVII, et dans D. Plancher, *Hist. de Bourgogne*, t. IV.

ler la ligue qui existait entre elle et François Sforza, père du duc actuel[1] : elle n'intéresse que les États de la péninsule; elle a pour but de maintenir la paix entre eux, de façon qu'ils ne s'épuisent pas dans des luttes intestines et emploient toutes leurs forces contre les Turcs. La Seigneurie a renouvelé cette coalition d'autant plus volontiers qu'elle savait Galéas-Marie ami du roi. Lorsqu'au moyen de ces déclarations Donato verra qu'il a enlevé à Louis XI tous ses soupçons, il le suppliera de considérer les Vénitiens comme ses chers, bons et respectueux amis, *boni, cari et riverenti amici*, de vouloir bien traiter favorablement leurs marchands, leurs navires et leurs sujets et recommander à Colomb, à Greci et à tous ses serviteurs de ne plus molester les Vénitiens. Si le roi demandait en retour que Venise conclût une ligue avec lui, Donato devait lui montrer combien un projet semblable était irréalisable en ce moment, qu'il exciterait contre la République le ressentiment de tous les confédérés qui se croiraient menacés par une convention de ce genre[2].

En réalité, la Seigneurie voulait obtenir la neutralité de Louis XI tout en demeurant l'alliée de Charles le Téméraire; celui-ci pouvait, en effet, la servir plus efficacement contre les Turcs; en outre, une rupture avec lui, en fermant aux Vénitiens les ports de Flandre, eût entraîné pour eux les plus funestes conséquences. Louis XI était trop clairvoyant pour ne pas comprendre ce manège; aussi ne fut-il pas dupe des protestations de Donato. Il ne voulut pas accorder plus qu'on n'était disposé à lui accorder à lui-même; il ne voulut s'engager à ne plus inquiéter les convois de la République que si celle-ci s'engageait à ne plus favoriser le duc de Bourgogne ni ses autres adversaires. Dans ces conditions, la mission de Donato était condamnée d'avance. Il ne dut pas rester longtemps en France; il était rentré avant février 1477 à Venise. Il y avait été précédé par une lettre que Louis XI adressait au doge, c'est-à-dire au gouvernement de Venise, et où il

1. Il s'agit probablement de la ligue de Lodi, conclue entre la république de Venise et François Sforza le 9 avril 1454 (Lunig, *op. cit.*, t. IV, col. 1775).

2. Ce dernier paragraphe ne devait pas être copié à la suite des instructions, mais délivré à part à Donato. On lit en effet en marge : « Datum fuit hoc capitulum separatum ab aliqua commissione, ut illum secretam teneret et nullam faceret mentionem nisi necesse foret. » Le même jour la Seigneurie avertissait Louis XI du départ de son ambassadeur et en prévenait le duc de Milan (Arch. de Venise, Senato. Delib. secr., t. XXVII, fol. 90).

posait très nettement les bases sur lesquelles un accord pouvait
s'établir. Nous croyons devoir reproduire cette lettre, car elle
donne la clef des pourparlers qui suivirent[1].

Rescription au s^r de Venise.

Loys, par la grace de Dieu Roy de France, très cher et special
amy, nous avons reçu voz lettres que escriptes nous avez par François Donat, vostre ambassadeur ou orateur, et, oye la creance que
par lui nous avez fait savoir; et en tant que touche le bon vouloir
que avez à la santé de nostre personne et bonne prosperité de nous
et de nostre royaume, nous vous en savons très grant gré et vous
en remercions; et au regard de la requeste que nous a fait ledit
Donat pour le fait des galées, marchands et marchandises de vostre
Seigneurie de Venise, pour les faire tenir en seureté, et que nostre
plaisir feust mander à nos admiral, vis admiral et autres noz officiers
et chefz de guerre de noz armées, tant par mer que par terre, qu'ilz
les voulsissent laisser passer et repasser seurement et paisiblement,
nous desirons bien affectueusement avoir bonne amour et dilection
avec vous et vostre Seigneurie de Venise; et, jaçoit que aions esté
advertiz que par cy devant ceulx de vostre dite Seigneurie de Venise
aient porté, soustenu et favorizé noz ennemis et adversaires, ce
neantmoins, quant vous et ceulx de vostre dite Seigneurie de Venise
nous promectront et asseureront de ne donner aucun aide, faveur ne
confort au duc de Bourgongne et autres noz adversaires, à l'encontre
de nous et de noz subgetz, nous les tiendrons et repputerons comme
noz amis, et les ferons tenir en toute bonne seureté en leurs biens et
marchandises, et leur porterons toute faveur et aide en leurs affaires
et les ferons traicter aussi bien ou mieulx que noz propres subgets,
ainsi que nous avons bien à plain fait dire et remonstrer à vostre dit
ambassadeur pour le vous dire et declarer. Donné, etc.[2].

Le sujet que la Seigneurie avait voulu éviter était, au contraire,

---

1. Nous n'avons retrouvé qu'une copie non datée de cette lettre, dans un for-
mulaire du temps de Louis XI et de Charles VII, conservé à la Bibl. nat.
(ms. fr. 5909) : on ne peut donc préciser le mois où elle fut rédigée, mais, d'une
part, elle est postérieure à l'arrivée de Donato à la cour de France, c'est-à-dire
au mois d'août 1476, puisqu'elle traite exclusivement de sa mission, et, d'autre
part, elle est antérieure à la mort de Charles le Téméraire (5 janvier), puisqu'elle
cite le duc de Bourgogne comme s'il vivait encore. Elle a donc été écrite après
le 1er septembre 1476, mais avant le 1er janvier 1477.

2. Bibl. nat., ms. fr. 5909, fol. 139 v°.

abordé sans détours par Louis XI, qui faisait de son acceptation la condition *sine qua non* de tout arrangement.

Lorsque le message de Louis XI parvint à Venise, l'anxiété y était vive[1]. L'allié de la République, Charles le Téméraire, après avoir été vaincu à Morat, s'était vu enlever Nancy. Cette aventure, la légèreté avec laquelle le duc s'y était précipité, ne devaient pas inspirer grande confiance à ses prudents alliés. Ils cherchaient donc à louvoyer, à gagner du temps, à ménager Louis XI et à ne pas interrompre les rapports qui venaient de se renouer, jusqu'à ce que l'équipée de son adversaire se fût terminée d'une façon ou d'une autre. Bien que la lettre du roi ait dû causer une grande déception à la Seigneurie, elle n'en montra rien, et, le 6 février 1477, sur la proposition des Sages du conseil et des Sages de terre ferme, elle remercia le roi de sa lettre et de l'accueil qu'il avait fait à Donato. Celui-ci fût reparti sur-le-champ pour la France, si les rigueurs de l'hiver et son grand âge lui eussent permis de franchir les Alpes sans danger : maintenant que le temps est devenu plus clément, il va se mettre en route[2].

Le 6 février, la mort de Charles le Téméraire (5 janvier) devait être connue à Venise[3], ce qui expliquerait la condescendance de la Seigneurie : dans tous les cas, elle y était connue le 4 mars depuis longtemps ; la Seigneurie avait eu même le temps de réfléchir aux différentes éventualités que pouvait créer le nouvel ordre de choses et à la ligne de conduite qu'elle devait suivre vis-à-vis du roi de France. Dans la séance de ce jour-là, la majorité des Sages, après avoir fait la remarque, sinon courageuse, du moins bien humaine, qu'avec des événements nouveaux les conseils doivent changer[4], offrait au Sénat de se rapprocher de Louis XI et

---

1. Gingins de la Sarra, *Dépêches des ambassadeurs milanais sur les campagnes de Charles le Hardi, duc de Bourgogne, de 1474 à 1477.* Paris et Genève, 1858, t. II, p. 383.

2. Arch. de Venise, Senato. Delib. secr., t. XXVII, fol. 131 v°. Cette missive était accompagnée d'une autre, par laquelle la Seigneurie annonçait au roi, qui l'avait priée de prêter ses bons offices au nouveau grand maître de Rhodes, Pierre de Tubassoa, qu'elle était heureuse d'avoir cette occasion de lui être agréable et promettait son appui à son protégé (*ibid.*, fol. 131 v°). Afin d'accentuer la valeur de cette déclaration, le Sénat décidait d'informer le grand maître de la démarche du roi : ce qui fut fait le 25 février (*ibid.*, fol. 133 v°).

3. Elle y était connue le 11 (Gingins la Sarra, *op. cit.*, t. II, p. 397).

4. « Mutatio rerum est precipua causa mutationis consiliorum. » Arch. de Venise, Senato. Delib. secr., t. XXVIII, fol. 5.

de lui députer un orateur. Le Sénat repoussait cette motion pour adopter une rédaction présentée par François Venier, Sage du conseil, et André de Cha, Sage aux ordres, rédaction beaucoup plus énergique dans la forme et dans le fond et portant qu'il n'est plus possible de différer un accommodement qui protège les galéres vénitiennes contre la flotte française[1], que Donato ayant déjà pratiqué Louis XI, bien que sa première mission soit demeurée sans résultats, le mieux est de le renvoyer en France, suivant d'ailleurs ce qui a été écrit au roi.

Le 12 mars[2], le choix de François Donato était remis en question ; après une longue discussion, Louis Lando et Auguste Barbadico le faisaient relever de ce devoir qui était confié à Dominique Gradenigo le 14. Celui-ci ne paraît pas avoir accepté cette mission avec grand empressement ; il n'était pas encore parti le 1er avril. Aussi le Sénat, dans sa séance de ce jour, décidait-il que, s'il n'avait pas quitté Venise le mercredi de Pâques (9 avril), il encourrait une amende de 500 ducats ; dans la même séance, il lui allouait 800 ducats pour son voyage[3]. Malgré cette injonction, Gradenigo ne semble pas s'être mis en route avant les premiers jours de mai : c'est en effet le 3 mai seulement que les Sages de terre ferme, les Sages aux ordres et les Sages du conseil soumettaient à l'approbation du Sénat, qui les ratifiait, les instructions qui lui étaient destinées[4]. Celui-ci devait s'arrêter à Milan et exposer à la duchesse le but de sa mission en France. A ce propos, les instructions reprenaient en abrégé le récit du différend sur-

1. Id., *ibid.*, t. XXVIII, fol. 5.

2. Il est à remarquer que, d'après les articles proposés le 4 mars 1477 (n. st.) pour la prorogation de la trêve de Pecquigny, Louis XI se refusait à y comprendre les Vénitiens. « Item, et circa hoc quod predicti oratores serenissimi regis Anglie petebant quod Januenses, Veneti et Florentini cum eorum mercibus, galeis et carratis possent ad regnum Anglie secure et sine aliquo christianissimi Francorum regis aut suorum impedimento transfrectare, prefatus christianissimus rex nullos ex predictis hostes tenet ut inimicos preterquam Venetos, quibus nulla securitas videtur debere dare priusquam ab ipsis Venetis, modo et reverentia quæ debent, a christianissimo Francorum rege, suis comodo et utilitate servatis, pax fuerit obtenta, in qua tamen perquirenda serenissimi Anglorum regis favor eis multum providerit. » Bibl. nat., ms. fr. 10187, fol. 111.

3. Arch. de Venise, Senato. Delib. secr., t. XXVIII, fol. 6.

4. Id., *ibid.*, t. XXVIII, fol. 11. Voy. Rawdon Brown, *Calendar of state papers, Venetian.* London, 1864, t. I, nº 461.

venu entre la République et Louis XI à l'occasion de Colomb. Passant ensuite à l'attitude qu'il devait observer après son arrivée à la cour de France, le Sénat prescrivait à son envoyé de disculper tout d'abord la Seigneurie pour l'interruption qu'avaient subie les négociations depuis le retour de François Donato et expliquer qu'il fallait en rejeter uniquement la faute sur le mauvais temps. Abordant enfin le motif précis de son voyage, il devait donner l'assurance que son gouvernement cesserait d'aider le duc de Bourgogne et tous les ennemis du roi, si celui-ci s'engageait à laisser les navires vénitiens aller et venir en paix. Ne doutant pas que sur ces bases indiquées par le roi lui-même l'entente ne fût bientôt réalisée, la Seigneurie recommandait à Gradenigo de s'efforcer d'obtenir trois lettres de sécurité. Il en conserverait une par-devers lui, enverrait la deuxième à Venise et la troisième au consul de la République à Bruges. Gradenigo devait de plus se renseigner de son mieux sur ce qui se passait dans les États du feu duc de Bourgogne. Si le roi lui parlait des Turcs, Gradenigo devait saisir cette occasion d'attirer son attention sur leurs grands armements et sur ceux de Venise pour leur résister. Afin que Louis XI ne prenne pas ombrage de l'ambassade que la Seigneurie a dépêchée en Castille, il expliquera qu'elle a pour objet de mettre fin à quelques difficultés pendantes entre les deux puissances à propos de navires biscayens qu'un capitaine vénitien a brûlés dans le port de Syracuse [1].

Muni de ces instructions très sommaires où aucune des complications qui pouvaient surgir n'était prévue, si Louis XI réclamait l'insertion dans le traité de la réserve expresse de son alliance avec Florence et, outre l'engagement général de ne pas aider ses adversaires, une stipulation plus spéciale par laquelle Venise s'obligerait à ne pas favoriser la duchesse de Bourgogne, Gradenigo dut arriver à la cour, qui était alors sur les frontières de Picardie [2], dans le courant de juin ou de juillet. Louis XI désigna le chancelier Pierre Doriole et Bofille de Juge [3] pour s'aboucher

1. En plus de ces instructions Gradenigo emportait une procuration de la Seigneurie lui conférant le pouvoir de traiter. Elle était en date du 9 mai 1477, et il en sera question plus loin (Arch. de Venise, Syndicati, t. II, fol. 92 v°).

2. Bibl. nat., ms. fr. 21448.

3. On l'appelle aussi Bouffile de Juge, mais il signe Bofille de Juge (Bibl. nat., ms. fr. 15541, fol. 26). Originaire d'Italie et peut-être de Naples, ce personnage, dont l'existence fut très mouvementée et auquel nous avons l'intention de con-

avec lui. Leurs conférences se prolongèrent plusieurs jours, « par plusieurs et diverses journées, » sans que les plénipotentiaires pussent régler définitivement le litige[1]. Certains points ne souffrirent pas de difficultés et furent inscrits dans le protocole sans restriction de part ni d'autre. Ainsi on admit : 1° « que bonne, vraie et loyalle amictié et bienveillance seroit doresenavant entretenue » entre le roi et Venise ; 2° qu'aucune répétition ne pourrait être exercée pour le passé[2]; 3° que les marchands, sujets tant de Louis XI que de Venise, pourraient désormais « aller, venir, marchander et naviguer seurement par terre et par mer soit en l'Oriant, soit en Levant…, » sans qu'il leur soit fait « guerre, hostilité, empeschement ou destourbier ne porté aucun detriment, prejudice ou dommaige. »

Le débat s'engagea à propos des conditions du 4ᵉ et du 5ᵉ article, au prix desquelles chacun des contractants voulait faire payer à l'autre ce qu'il appelait ses concessions. Des deux côtés on reconnut encore que chacun des deux États ne devrait donner « aucun secours, faveur et aide » aux ennemis de l'autre « en quelque

sacrer une notice détaillée, paraît avoir été ramené de son pays natal par le roi René, à la suite de son expédition contre Naples en 1444 (Lecoy de la Marche, *le Roi René*, t. I, p. 350 et 351). Passé au service de Louis XI, il prit une part active à la conquête du Roussillon, dont il fut nommé gouverneur en 1475 (Luchaire, *Alain le Grand, sire d'Albret*, p. 207) : il fut un des juges de Nemours. Le roi récompensait son zèle dans le procès par le don du comté de Castres et de la terre de Lezignan (Arras, août 1477. Arch. nat., X¹ᵃ 8607, fol. 128 v°), et l'employait dans plusieurs négociations avec l'Angleterre et l'Autriche (Bibl. nat., ms. fr. 6985, fol. 163). Boffille épousait, le 23 août 1480, Marie d'Albret, sœur d'Alain (Luchaire, *op. cit.*, p. 215). Dès lors sa fortune tourne. Tombé en disgrâce, nous ignorons pourquoi, au début du règne de Charles VIII, il se voyait retirer en 1491 la vice-royauté de la Cerdagne et du Roussillon, et cherchait, sans y réussir, à se faire enrôler par la seigneurie de Venise comme son capitaine général : bien plus, ses dernières années sont attristées par l'avidité de sa femme et de sa fille qui lui disputent la propriété de son comté : le 22 septembre 1494, il est contraint de l'abandonner à son beau-frère (Luchaire, *op. cit.*, p. 212). Enfin, oublié de tous, il meurt le 11 août 1502 dans son château de Rochecourbe ; l'infortune le poursuit après sa mort : le chapitre de Castres, contestant son titre de comte, dénie à ses officiers le droit de lui célébrer des funérailles dignes de son rang (*Revue historique du Tarn*, t. III, p. 286).

1. Bibl. nat., ms. fr. 10187, fol. 118.

2. « En mectant à neant et quietant toutes prinses, courses ou autres choses faictes par terre, par mer ou autrement par les subjectz des ungs sur les autres… sans ce que jamais à cause d'icelles soit ne puisse être faicte quelque question, action, petition ne demande d'une part ne d'autre. » (Id., ibid.)

querelle que ce feust. » Mais d'abord, lorsque Doriole et Boffille
signifièrent que Louis XI leur avait « baillé expresse charge que
en quelque traicté ou appoinctement que ce feust avecques lesdits
de Venise, tousjours feust faicte expresse reservacion des amictiés, confederations et aliances » qu'il avait avec Florence, auxquelles il n'entendait « en quelque maniere prejudicier, mais icelles
garder et entretenir, » puis, lorsqu'ils demandèrent au nom de
leur maître « que, oultre la clause generale de non aider par lesdits Venitiens à aucuns de ses ennemys, feust expressement dit
qu'ils ne donneroient quelque secours, faveur ne aide contre lui à
la fille dudit feu duc de Bourgogne, dernier trespassé, » Gradenigo se retrancha derrière ses instructions. Il expliqua « que combien qu'il eust povoir souffisant pour praticquer et accorder ladite
amitié et bienveillance, et promectre que ladite Seigneurie de
Venise ne donneroit secours, faveur ne aide » contre Louis XI
« à aucuns de ses ennemys, toutes fois il n'avoit pas charge,
povoir ne commission expresse de nommer especialement ladite
fille du feu duc de Bourgogne, » que la clause générale devait
suffire. En ce qui concernait Florence, il n'avait pas davantage
« charge de faire expresse reservacion de ladite Seigneurie et
communeté de Florence »; du reste, il était « acertené que entre
lesdits de la Seigneurie de Venise et iceulx de Florence ne ait
quelque guerre ne question, mais soient bien amys. » Enfin il
déclara qu'il ne pouvait assumer la responsabilité de « speciffier
lesdites clauses de ladite fille du feu duc de Bourgogne et de la
communeté de Florence, sans avoir sur ce nouvel et plus ample
pouvoir »; il était, du reste, tout disposé « pour avoir povoir et
mandement plus especial » à en référer à son gouvernement, à
dépêcher un courrier à Venise, si on lui accordait « temps et
delay souffisant pour ce faire. » L'offre de l'orateur vénitien fut
acceptée. Toutefois, en attendant la réponse de la Seigneurie, il
était indispensable de créer un régime, un *modus vivendi* qui,
en suspendant les hostilités, supprimât toute cause nouvelle d'ai-
greur entre les deux puissances, laissât la porte grande ouverte
aux négociations et fût comme la préface d'un arrangement défi-
nitif dont ces conférences n'étaient que les préliminaires. Ces obstacles n'étaient pas insurmontables et, en réalité, tout roulait sur
une question de formule facile à résoudre. Aussi, « pour non
rompre ladite matiere, » convint-on « que, en actendant de venir
ledit mandement et povoir plus especial de ladite Seigneurie de

Venise, la seureté dessus declairée et tous les autres points et articles dont dessus est faicte mention, dès à present demourront comme conclutz et accordés, et seront entretenus et gardés » entre Louis XI et ses sujets « et ceulx de ladite Seigneurie de Venise de cy à trois moys prouchainement venans à compter du jour et acte de ces presentes…, pourveu que Dominique Gradonico, en vertu de son povoir, baille pareille lettre pour la seureté » des Français. — Le 23 août, étant à Thérouanne, en présence du chancelier, de l'archevêque de Vienne, du comte de Marle, maréchal de France, des comtes de Saint-Pol et de Castres, etc., Louis XI, « pour consideracion du grant desir et affection que ledit Dominique Gradonico nous a dit que lesdits duc et Seigneurie de Venise ont d'avoir nostre amour et bienveillance, reduisans à memoire les anciennes amictiés et bienveillances qu'ilz ont eu avecques noz très chrestiens progeniteurs, desirans de nostre part les avoir pour noz bons et especiaux amys, » ratifiait, par des lettres patentes, les conventions passées entre ses commissaires et Gradenigo et promulguait ladite trêve de trois mois[1].

Par ses dépêches des 27, 28 et 29 août[2], Gradenigo instruisait la Seigneurie de ce qu'il avait fait. Le courrier Rosset de la Roche, qui les emportait, ainsi que la minute du traité, dut arriver à Venise vers le 21 septembre. Le 22, les Sages du conseil, les Sages de terre ferme et les Sages aux ordres consultaient les Pregadi sur un projet de réponse qu'ils étaient d'avis d'adresser à l'ambassadeur vénitien[3]. On commencerait par lui accuser réception de ses dépêches ; puis on lui dirait que le Sénat lui répondrait plus explicitement quand il aurait examiné le traité avec

1 Nous avons tiré tous ces détails d'un document conservé dans le registre du chancelier Doriole (Bibl. nat., ms. fr. 10187, fol. 118 et suiv.) à la date du 23 août 1477 et intitulé : « Lectres du traicté pourparlé entre les commis et depputez de par le Roy d'une part et Dominique Gradonico, commis et depputé de par les ducs et seigneurie de Venise d'autre part, sur la pacification des differences qui estoient entre le Roy et lesdits Venitiens, et de la seureté que le Roy a baillée ausdits Venitiens et leurs subjectz pour trois moys en actendant que ledit Dominique ait eu plus ample mandement desdits Venitiens pour conclure aucunes clauses dudit appoinctement. » — Une copie (du XVIIIe s.) de ces lettres se trouve aux Archives nationales, P. 2300, p. 885.

2. Nous n'avons pu retrouver ces dépêches, mais les réponses du Sénat y suppléent suffisamment pour permettre de suivre ce que faisait Gradenigo en France.

3. Arch. de Venise, Senato. Delib. secr., t. XXVIII, fol. 49. Ce projet était adopté presqu'à l'unanimité.

plus de loisir. Dès maintenant il croit pouvoir donner son agré-
ment aux trois premiers articles : la réserve de l'alliance de
Louis XI avec les Florentins, alliés aussi de Venise, ne soulèvera
pas non plus d'objection. Reste donc le 5e article : le Sénat vou-
drait qu'on le remaniât ; pour le satisfaire, il faudrait une suppres-
sion et deux additions[1] : 1° que le nom de Marie de Bourgogne ne
figurât pas dans l'instrument final ; 2° que le roi prît l'engagement plus catégorique de ne pas secourir les ennemis de la République ; 3° que le présent traité ne préjudiciât pas à la ligue italienne qui a pour but le repos de la péninsule[2]. Afin d'éviter toute
équivoque, le Sénat joignait à sa lettre le texte de l'article corrigé
comme il l'entendait :

Capitulum quartum reformatum.

Item. Che la dicta Signoria de Venetia sia obligata non prestar
aiuto, favor ne hortamento ne soccorso contra de nui et de nostri
subditi al algun signor, signoria, potentia o stato, sia qual el voglia
et de che condition, preeminentia, grado, nation et nome se sia de
qua da monti, ne ad alguno inimicho, adversario, rebelle et disobediente nostro, sia per qual caxon se voglia, nemine excepto, si per
mar come per terra *et oussi a quelli che inferirano guerra a nui
come a quelli che nui fassamo guerra aloro*, reservata tamen et rema-
nente senza prejuditio la liga che essa Signoria ha cum i Signori
duchi di Milano et Signoria et communita di Firenze per defension
et conservation de i stati loro et la presente quiete. Et similmente
promettemo nui non prestar aiuto, favor, hortamento ne soccorso
ad alguna potentia che movesse guerra et offendesse la prefata Signoria o soi subjecti.

Au cas où les modifications réclamées par le Sénat rencontre-
raient de l'opposition, Gradenigo devra demander au roi un entretien et porter à sa connaissance toutes les raisons qui interdisent

1. Les lettres patentes du 23 août 1477, auxquelles nous avons fait d'amples
emprunts, ne représentent pas, selon nous, le texte qui fut adressé à la seigneurie de Venise, mais un abrégé de ce texte qui a échappé à nos recherches :
en effet, à en juger par la dépêche du Sénat du 27 septembre, l'article 4 de
la minute serait l'article 5 des lettres patentes, et le 5e de la minute serait
le 4e de celle-ci.

2. Il s'agit de la ligue conclue entre Milan, Florence et Venise le 2 novembre
1473 (Malipiero, *op. cit.*, p. 243).

à la Seigneurie de consentir à ce qu'il voulait. Il pourrait céder sur le second point relatif aux ennemis de Venise, la République ayant le ferme espoir de vivre en paix avec tout le monde; toutefois il devrait insister sur la réserve des adhérents à la confédération italienne. A la suite de sa lettre, le Sénat, sous le titre de *rationes dicende pro persuadenda regia Serenitate*, ajoutait un paragraphe où il développait les arguments que Gradenigo aurait à faire valoir à l'appui de ses réclamations. La constance de Venise envers ses anciens alliés devait être pour Louis XI une garantie de sa fidélité dans l'avenir; elle croirait manquer à tous ses devoirs en les sacrifiant en cette circonstance. Au cas où Louis XI essaierait de défendre ses prétentions en alléguant qu'il n'entend pas entraîner jamais la République à faire la guerre à une puissance chrétienne, mais simplement la forcer à garder la neutralité, Gradenigo devra lui faire envisager combien cette attitude serait déplorable vis-à-vis d'alliés qui l'ont secourue si efficacement contre les Turcs. Si ces explications fournies au roi en personne ne produisaient aucune impression sur lui, le Sénat autorisait Gradenigo à avouer que la ligue est composée de la duchesse de Milan et de la commune de Florence, avec lesquelles il est presque sûr d'être toujours en paix. Quant au second point, si le roi refusait de lui donner satisfaction, il devait prendre congé de lui[1].

Le 28 septembre, sur la motion[2] des Sages du conseil, le Sénat confirmait et complétait ses recommandations du 22. La rédaction du quatrième article, telle que la veut le roi, est, tout bien pensé, inadmissible; comment, en effet, supporter qu'il y soit stipulé des précautions contre les ennemis présents et à venir du roi, quand ceux de la Seigneurie sont passés sous silence? De plus, il s'oppose absolument à ce que mention soit faite de Marie de Bourgogne. Cependant, si Gradenigo arrachait au roi cette dernière concession et le déterminait à introduire la réserve de la ligue italienne, il pourrait faire bon marché des autres *desiderata* et conclure.

Dans ses dépêches des 8, 12, 15 et 18 novembre, Gradenigo fit part à la Seigneurie des résultats acquis : il semble qu'il avait

---

1. Cette dépêche était adoptée par 129 voix, il y avait 11 opposants et 4 abstentions.

2. Arch. de Venise, Senato. Delib. secr., t. XXVIII, fol. 50 v°. Elle avait le même accueil que la précédente.

gagné deux avantages : 1° l'omission de Marie de Bourgogne; sur ce chapitre, on dut faire des concessions mutuelles et s'arrêter à une transaction : en effet, au nom de Marie de Bourgogne est substitué dans l'instrument authentique le mot *princesse* (Lunig, *Cod. Ital. dipl.*, IV, col. 1803); enfin le Sénat, dans sa réponse à Gradenigo, ne parle plus de cette disposition qu'il avait si fortement combattue; 2° l'obligation formelle du roi de traiter les ennemis qui attaqueraient la République comme elle traiterait les siens; en effet, la traduction presque littérale de cette clause, la dernière de l'article 4 amendé par la Seigneurie, figure dans l'instrument authentique, tandis qu'il n'en est plus question dans la correspondance du Sénat avec Gradenigo.

Ces deux obstacles écartés, deux questions demeuraient en suspens : la réserve de la confédération italienne sur laquelle s'était greffé un autre incident. A la teneur de l'article 4, telle que la Seigneurie l'avait retourné à Gradenigo le 27 septembre, elle demandait une addition : elle voulait que le passage ainsi conçu : « ... *et cussi a quelli che inferirano guerra a r..i* (Louis XI) *come a quelli che nui fassamo guerra aloro* » fût suivi d'un membre de phrase la déclarant uniquement astreinte à ne pas favoriser les ennemis qui attaqueraient le roi, *dai qual fossamo sta lacessiti et provocati.*

En résumé, elle proposait pour le début de l'article 4 la rédaction suivante :

Item. Che la dicta Signoria de Venexia sia obligata non prestar aiuto, favor ne hortamento ne soccorso contra de nuy ne de nostri subditi al algun signor, signoria, potentia et stado, sia qual el se voglia et de che condition, preeminentia, grado, nation et nome che sia de qua da monti, ne ad alguno inimico, adversario, rebelle et disobediente nostro, sia per quel caxon se voglia, nemine excepto, si per mar como per terra et cussi a quelli che inferirano guerra a nuy, como a quelli che nuy fassamo guerra aloro, dai qual fossano sta lacessiti et provocati.....

Ce sont ces deux sujets que le Sénat discuta dans sa séance du 2 décembre, où il vota la réponse à adresser à Gradenigo[1]. La

---

1. Elle était présentée par les Sages du conseil et les Sages de terre ferme. Id., *ibid.*, fol. 68. Rawdon Brown, *op. cit.*, n° 463. Voy. Buser, *op. cit.*, p. 191.

ligue italienne inquiétait certainement Louis XI : n'ayant jamais pris au sérieux les projets de croisade qu'on lui prêtait et qui sont du reste un des lieux communs de la rhétorique diplomatique du xvᵉ siècle, il devait lui soupçonner des desseins ténébreux : aussi la Seigneurie prenait-elle grand soin de le rassurer ; elle ordonnait à Gradenigo de lui donner tous les éclaircissements qu'il pourrait désirer, de lui démontrer l'innocence de cette ligue : elle ne vise que les Turcs et ne s'occupe d'aucune puissance chrétienne. En ce qui concerne le passage par lequel la Seigneurie serait uniquement astreinte à ne pas favoriser les ennemis qui attaqueraient le roi, Gradenigo devait en réclamer énergiquement l'introduction. La Seigneurie lui conseillait d'en conférer d'abord avec le chancelier et le sʳ du Lude ; elle l'autorisait à communiquer au roi cette dépêche remplie de protestations qui ne pouvaient que lui plaire. S'il se refusait à écouter ses représentations, Gradenigo devait prendre congé de Louis XI, sans l'offenser, avec toutes sortes d'égards, et informer les capitaines des galères de Flandre et les consuls de Bruges et de Londres de la rupture des négociations. Le gouvernement de Saint-Marc présumait que, devant cet ultimatum si courtoisement signifié, Louis XI ne persévérerait pas dans sa résistance et que les pourparlers allaient aboutir : aussi le 4 décembre faisait-il parvenir à Gradenigo, sans doute par le même courrier que sa dépêche de l'avant-veille, les pouvoirs les plus étendus pour signer le traité[1].

La Seigneurie ne se trompait pas dans ses prévisions : le 9 janvier[2], à Tours, dans la maison du chancelier de France, en pré-

---

1. Bibl. nat., mss. fr. 6984, fol. 437, et 3863, fol. 256. Ce qui prouve qu'à Venise on estimait l'affaire en bonne voie, c'est que le 6 décembre, sur l'avis conforme des Sages du conseil et des Sages de terre ferme, on décidait de mettre le duc de Milan au courant des pratiques de Gradenigo tenues secrètes jusqu'ici, — de lui exposer tous les retardements que subissait la conclusion du traité à cause de la ligue italienne que Venise n'avait pas voulu enfreindre (A. de Venise, Senato. Delib. secr., t. XXVIII, fol. 69) ; — il ne faut pas oublier que la trêve du 23 août était expirée depuis le 23 novembre : il était donc nécessaire de se hâter de s'accorder ou les hostilités allaient recommencer. Il semble cependant que l'armistice n'était pas encore dénoncé : le 2 décembre, le Sénat ordonnait à Gradenigo de n'inviter le capitaine des galères de Flandre à prendre ses précautions, afin de ne pas tomber entre les mains des Français, que si tout accommodement était devenu impossible.

2. Arch. de Venise, Commemoriali, t. XVI, fol. 125.

sence de Tristan de Salazar, archevêque de Sens, de Guillaume
de Cluny, protonotaire du saint-siège, d'Adam Fumée, d'Ambroise
de Cambray, doyen de l'église de Meaux, Gradenigo signait le
traité de paix. Le même jour, au Plessis-du-Parc, par lettres
patentes que contresignaient le cardinal de Foix, le chancelier,
les archevêques de Vienne et de Sens, les évêques d'Alby, d'Agen
et d'Agde, le comte de Dunois, les sires de Bressuire, de Saint-
Pierre et d'Argenton, Adam Fumée, Raoul Pichon, etc., Louis XI
ratifiait l'acte passé chez le chancelier[1].

La Seigneurie avait gain de cause presque sur toute la ligne ;
l'article 4 tant débattu, qui avait occasionné tant de contesta-
tions, était ainsi conçu :

Item[2]. Les dits duc et Seigneurie de Venise ne donneront dorena-
vant quelque secours, faveur, support ni aide contre nous à aucuns
de nos ennemis, adversaires, rebelles et desobeissans, quels qu'ils
soient, ni à quelque roi, prince, princesse, seigneurie, pais ou nation
que ce soit, en quelconque querelle ni pour quelque cause que ce soit
ou puisse estre, sans personne, pais ou nation quelconque excepter,
tant par mer que par terre, et tant à ceux qui nous feroient guerre
comme à ceux auxquels nous la ferions, à quelque cause ou occasion que ce fût, reservé toutefois et demeurant sans prœjudice l'alliance que à present lesdits de Venise ont avec le duc de Milan et
la Seigneurie de Florence à la conservation et deffense de leur etat

1. Ce traité a été publié sous forme de lettres patentes de Louis XI, en français, mais incomplètement, nous voulons dire sans le préambule où sont rela-
tées toutes les phases que traversèrent les négociations, dans Lunig, *op. cit.*, t. IV,
col. 1801 ; — dans Dumont, t. III, 2ᵉ partie, col. 18, et dans la collection des
Ordonnances, t. XVIII, p. 325. On en trouvera des copies complètes (c'est-à-
dire avec le préambule) du xvɪɪɪᵉ siècle à la Bibl. nat., mss. fr. 1087, fol. 134,
3882, fol. 257 vᵒ, 6985, fol. 14, et mss. de Brienne, t. XIV, fol. 14, aux Arch. nat.,
P. 2300, p. 919. Les Archives de Venise possèdent du texte complet de ces
lettres patentes une traduction italienne (Commemoriali, t. XVI, fol. 123 vᵒ). —
Le texte authentique en forme solennelle et en latin est conservé dans une copie
du temps aux Archives de Venise (Commemoriali, t. XVI, fol. 125) : on en
trouve une copie du xvɪɪᵉ siècle à la Bibl. nat., coll. de Brienne, t. XIV,
fol. 202, et des copies du xvɪɪɪᵉ siècle, mss. fr. 6985, fol. 16 vᵒ, et 3882, fol. 262 vᵒ,
aux Arch. nat., P. 2300, p. 895 et suiv.

2. Nous reproduisons le texte de Lunig et de Dumont dont les collections se
trouvent partout. Dans l'instrument authentique (Arch. de Venise, Commemoriali, XVI, fol. 125), le texte est en latin.

seulement. Et pareillement nous, de notre part, ne donnerons quelque secours, faveur, support et aide contre lesdits de Venise à aucuns de leurs ennemis, rebelles et desobeissans, pour quelque occasion que ce soit.

De la comparaison de ce paragraphe avec l'article 4 tel que Venise l'avait réformé le 27 septembre, il ressort qu'il représente la traduction de ce dernier presque mot pour mot. Le membre de phrase par lequel la Seigneurie voulait être tenue à ne prêter secours qu'aux ennemis qui auraient attaqué le roi était rejeté, mais cette condition était dans la pratique d'une application peu commode, et, de plus, la Seigneurie ne l'avait mise en avant, d'après nous, que pour rendre Louis XI plus coulant sur des matières qui la touchaient de plus près.

Le jour même où le traité était promulgué, Louis XI publiait des lettres patentes en forme de mandement à ses officiers, leur enjoignant, conformément aux clauses de la paix, « de ne porter aucun detriment, prejudice ou dommaige » aux Vénitiens, « à leurs subgetz, naves, gallées, » mais de les traiter comme ses « bons, vrays amis et bienveillans[1]. »

Quoiqu'il n'ait pas obtenu toutes les sécurités qu'il désirait, Louis XI paraît avoir été très heureux de la solution intervenue et d'avoir pu rétablir entre la France et Venise leur traditionnelle amitié. Il accentuait la démonstration de sa joie en armant Gradenigo chevalier. Le 15 janvier, il en instruisait la Seigneurie et lui témoignait tout le plaisir qu'il éprouvait de voir leur différend terminé; il espérait que plus rien désormais ne troublerait cette bonne intelligence[2]. D'autre part, la République avait été heureuse de cette conclusion; elle en avait averti sans retard les Florentins, qui, le 7 février[3], l'en félicitaient. Le 26 mars, étant à Notre-Dame-de-Victoire, le roi réitérait à André Vendramin, qui lui avait écrit dans l'intervalle, l'expression de la joie qu'il éprouvait de voir toutes les difficultés aplanies entre les deux Etats[4].

1. Arch. de Venise. Atti diplomatici. Miscellanea, n° 692 (original), et Commemoriali, t. XVI, fol. 127 v°.

2. Id. Commemoriali, t. XVI, fol. 128. Louis XI renouvelait ces assurances le 26 mars (*ibid.*, fol. 129 v°).

3. Desjardins, *Négociations de la France avec la Toscane*, t. I, p. 169.

4. Arch. de Venise, Commemoriali, t. XVI, fol. 129 v°.

Peu après, Gradenigo rentrait à Venise. Le 1ᵉʳ avril[1], la Seigneurie, par l'organe du doge André Vendramin, interprète habituel de ses communications officielles, exprimait à Louis XI sa reconnaissance pour la distinction dont il avait honoré son envoyé, faveur qu'elle considérait comme un témoignage de sa sympathie envers elle; elle lui apprenait par la même occasion qu'afin de manifester plus hautement la joie qu'elle éprouvait de ce retour à l'ancien état de choses, elle avait fait publier la paix solennellement un jour de fête à Venise et dans toutes les villes du territoire vénitien[2]. Le doge annonçait au roi l'envoi des ratifications et le priait de lui en accuser réception[3].

Elles parvinrent à Louis XI vers la fin d'avril ou le commencement de mai. Or, le traité n'y était pas inséré *in extenso*, articles par articles : une approbation générale de l'acte souscrit par Gradenigo était seule consignée dans les ratifications. Aussi, le 12 de ce mois, Louis XI, étant à Arras, prévenait-il la Seigneurie que les gens de son conseil les avaient lues attentivement et y avaient noté quelques irrégularités : c'est, dit-il, un usage constant en France d'intercaler dans les ratifications d'un traité tous les articles sans exception; il demande au gouvernement vénitien de vouloir bien se prêt.. à ces scrupules et préparer une confirmation plus régulière. Cette procédure n'impliquait d'ailleurs aucune défiance envers la Seigneurie; elle n'était provoquée que par le double désir de ne pas violer de vieilles et légitimes traditions, auxquelles la chancellerie royale n'avait jamais dérogé jusqu'ici, et d'entourer l'acte de paix de toutes les formalités propres à le corroborer[4].

1. Bibl. nat., mss. fr. 2892, fol. 2, 3883, fol. 260, et 6985, fol. 76; et collection de Brienne, t. XIV, fol. 220. Le 27 mars, le Sénat, qui ne voulait pas être en reste de gracieuseté avec le roi, décrétait de donner au chancelier, qui n'avait reçu que 100 ducats pour dresser l'instrument du traité au lieu de 500, comme c'était l'usage, 18 bras de drap d'or, et à sa femme 18 bras de velours noir. (Arch. de Venise, Senato. Terra, t. VIII, fol. 4 vᵒ.)

2. « ... Quam (pacem) ut rem jocundissimam in die solenni fecimus in hac nostra civitate et in reliquis nostris urbibus solenniter publicare. »

3. Ces ratifications sont également du 1ᵉʳ avril. On en trouvera des copies du xviiiᵉ siècle à la Bibl. nat. mss. fr. 6985, fol. 77, et 2892, fol. 21, et collection de Brienne, t. XIV, fol. 220 vᵒ, et Arch. de Venise, Commemoriali, t. XVI, fol. 128.

4. Arch. de Venise, Commemoriali, t. XVI, fol. 129 vᵒ; Atti diplomatici. Miscellanea, nᵒ 691 (original).

La Seigneurie accueillait favorablement cette demande et, le 17 juin 1478[1], le doge Jean Mocenigo, qui, dans l'intervalle, avait succédé à Vendramin, faisait parvenir à Louis XI le traité ratifié dans la forme qu'il avait demandée[2]; et celui-ci, de Villepreux, le 6 août, la remerciait de ses lettres *in quibus singuli rerum tractarum articuli clare et sigillatim inseruntur*[3].

L'harmonie régna entre les deux puissances, avec des fortunes diverses, mais sans interruption, pendant près de dix-sept ans, jusqu'à l'expédition de Charles VIII en Italie[4].

Nous nous sommes attaché à retracer avec d'autant plus de soin les péripéties qui accompagnèrent la conclusion de la paix de 1478 que, selon nous, elle consacra les principes de protection commerciale envers les étrangers déjà appliqués à Pecquigny; elle atteste une fois de plus[5] l'attention que Louis XI, prévoyant en quelque sorte l'influence que la France devait acquérir en Italie, ne cessa de porter à ses relations avec les diverses puissances de la péninsule et ses efforts pour y multiplier le nombre de ses amis et de ses alliés[6]; elle nous prouve enfin que, comme tous les

1. Arch. de Venise, Commemoriali, t. XVI, fol. 130.

2. C'est le texte dont on trouve l'expédition en latin dont nous avons parlé à la Bibl. nat., dans les mss. fr. 3882, fol. 262 v°, 6985, fol. 16 v°, et 10187, fol. 137, et aux Archives de Venise, Commemoriali, t. XVI, fol. 125 et 130. Il est à noter qu'à la suite de la ratification du 17 juin 1478, le copiste des Commemoriali jugea inutile de transcrire tout le traité qui était déjà copié aux fol. 125 et suiv. et se contenta d'y renvoyer. On trouvera une copie du xviiie s. du traité complet, précédé de la ratification : Bibl. nat., ms. fr. 3863, fol. 262.

3. Arch. de Venise, Commemoriali, t. XVI, fol. 131. Bibl. nat., mss. fr. 10187, fol. 250 v°, et 6985, fol. 216.

4. Durant cette période, les deux États entretinrent des rapports presque constants; et Charles VIII, le 23 septembre 1484, renouvelait avec Venise le traité conclu par son père le 9 janvier 1478 (Arch. de Venise, Commemoriali, t. XVII, fol. 52). Nous exposerons toutes ces négociations dans une étude subséquente.

5. A. Desjardins, *Mémoire sur la politique extérieure de Louis XI et ses rapports avec l'Italie*, dans *Mémoires présentés par divers savants à l'Académie des inscriptions et belles-lettres*, t. VIII, 2e partie, p. 1.

6. Une des conséquences immédiates du traité de 1478 fut de permettre à Louis XI de jouer le rôle de médiateur, presque d'arbitre (bien que sa tentative demeurât vaine une première fois), dans les démêlés qui éclatèrent entre le pape Sixte IV et le roi de Naples, d'une part, et les républiques de Florence et de Venise et les ducs de Milan et de Ferrare, d'autre part, à la suite de la conjuration des Pazzi (voy. Dantier, *l'Italie; études historiques*, Paris, 1874, t. II, p. 151 et sq.; Desjardins, *op. cit.*, t. I, p. 170; Frantz, *Sixtus IV und*

grands hommes d'État, ce prince, à la fin de sa carrière, cherchait à inaugurer cette politique vraiment pacifique qui se fonde
sur le respect et la conciliation des intérêts de tous, et sans laquelle
il n'y a pour les peuples ni prospérité ni bonheur.

die Republik Florenz. Regensburg, 1880, p. 260 et sq., et : « La Relation et
actes de la négociation faite par les ambassadeurs du roi Louis XI, pour traiter
de la paix entre le pape Sixte IV, le roy de Naples d'une part, et la république
de Venise, les ducs de Milan et de Ferrare et la république de Florence d'autre. »
Elle a été publiée dans les *Mémoires de Ph. de Comines* (édit. Lenglet-Dufres-
noy. Paris, 1747), t. IV, p. 163-252. On la trouve manuscrite à la Bibl. nat.,
mss. fr. 3880, 18038, 23407; mss. lat. 9030, 11731, fol. 390 et suiv., et 17664).